要介護シニアにも超かんたん！
ものまねエア体操で健康づくり

斎藤道雄 著

黎明書房

はじめに
ものまねなら誰にでも一瞬で伝わる

　　前著『目の不自由な人も耳の不自由な人もいっしょに楽しめるかんたん体操 25』のなかに，「エアなわとび」という体操があります。
　エアギターのエアをとって，エアなわとびです。
　つまり，なわとびのものまねをするだけのかんたんな体操です。
　では，どうしてものまねなのか？

　　ある介護施設で体操支援をしていたときのことです。
　「元気な人は手で○を，そうじゃない人は×にしてください」
　ぼくが，身振り手振りを交えてそう言うと，何人かの人が，ぼくと同じ動きをするんです。
　ぼくが手を○にすると○にするし，×にすると×にする。
　どういうことか，わかりますか？
　そうです。その人たちは，耳が不自由か，理解力がかなり低下しているのです。だから，ぼくと同じ動作をしてしまうのです。

　　そのときに，こう思ったんです。

「この人たちにとっての体操は，**ただマネしてできるのが一番いい**んだ」。
「**いちいち説明をしなくてもわかるのが一番**だ」。
　ただし，まったく説明がなくていいわけではありません。
　なぜなら，体操の参加者の中には，目の不自由な人もいるからです。

はじめに

　だからこそ，その言葉（名前）を聞いただけで，誰もが，「ああ～，あれね」と一瞬で理解できる動作がいいんです。

　実際の現場には，健常な人ばかりではありません。目の不自由な人や，耳の不自由な人，理解力が低下している人など，いろいろな人がいます。
　だからこそ，かんたんで，わかりやすい動作がいいのです。

**耳が不自由な人は，それを見ただけで，
目が不自由な人は，それを聞いただけで，
理解力が低下している人は，なんとなくその場の雰囲気で，**

誰にでも，一瞬で伝わる。
それこそが，この「ものまねエア体操」なのです。

　本書が，楽しんで，体を動かすきっかけになれば，最高の幸せです。

この本の特色

★ かんたんな動作をマネするだけで，**自立から要介護レベルのシニアまで，誰にでもかんたん**にできます。

★ さらに，目の不自由な人や，耳の不自由な人にもできる，わかりやすい，やさしい動作です。

★ **すべて，イスに腰掛けたままでできる動作です。** 立ったり，寝転がったりすることはありません。

★ 道具は，一切不要です。

★ プロインストラクターの「言い方のお手本」があります。

★ たったの一言で運動効果がアップする超キーワード「魔法の言葉（擬音）」がわかります。

★ シニアの体操を支援する人にも，シニアご本人にも，ご活用できる内容です。

この本の使い方①
「言い方のお手本」で集中力アップ

　ものまねエア体操は，これまでの体操と違って，動作をマネするだけなので，誰にでもかんたんにできるのが最大のメリットです。

　したがって，**ほとんど説明は不要です。**
　なのですが，ごくかんたんな説明を付に加えることで，理解力や集中力がぐんと高まります。

　見開きの右ページある「要介護シニアにも〝伝わる〟言い方のお手本」が，それです。

　これを読むと，すぐにわかると思いますが，
　基本的に，**一回の説明につき一つの動作です。**
　（文字数の都合で，例外の場合もあります）

　シニアの方にお話しするときには，それほどに，一つずつ，ゆっくりと，ていねいに進めていくのがおわかりになると思います。

も く じ

はじめに　ものまねなら誰にでも一瞬で伝わる ・・・・ 2

この本の特色 ・・・・・・・・・・・ 4

この本の使い方①
　「言い方のお手本」で集中力アップ ・・・・・・・・・・ 5

Ⅰ　きれいな姿勢

　　1　バンザイ ・・・・ 8　　　2　ボートこぎ ・・・ 10
　　3　弓道 ・・・・・・ 12　　　4　大玉送り ・・・・ 14

Ⅱ　リラックス

　　5　うがい ・・・・・ 16　　　6　くちぶえ ・・・・ 18
　　7　パンチ ・・・・・ 20　　　8　和太鼓(わだいこ) ・・・・・ 22
　　9　メイソウ ・・・・ 24

この本の使い方②
　「魔法の言葉」で運動効果アップ ・・・・・・・・・・ 26

この本の使い方③
　「魔法の擬音」で心を動かす ・・・・・・・・・・・・ 27

もくじ

Ⅲ　チカラを保つ

　　10　かけっこ・・・・28　　11　ジャンプ・・・・30
　　12　地引あみ・・・・32　　13　キック・・・・・34
　　14　もちつき・・・・36

Ⅳ　やわらかさ

　　15　まどふき・・・・38　　16　いなほ・・・・・40
　　17　背泳ぎ・・・・・42　　18　バタフライ・・・44
　　19　ボール投げ・・・46

この本の使い方④
　　耳の不自由な人への伝え方・・・・・・・・・48

この本の使い方⑤
　　目の不自由な人への伝え方・・・・・・・・・49

Ⅴ　器用さ

　　20　みじん切り・・・50　　21　指揮者・・・・・52
　　22　まりつき・・・・54　　23　指ずもう・・・・56
　　24　スキップ・・・・58　　25　つなわたり・・・60

おわりに　健康に大事なのは？・・・・・・・・62

Ⅰ きれいな姿勢

1 バンザイ

両腕を上に持ち上げて元気に声を出す体操です

魔法の言葉
「両腕を上に持ち上げて」
と言いますと…,
腕全体が動きます。

魔法の言葉
「口を大きくあけて」
と言いますと…,
大きな声が出ます。

うれしい効果

★ 肩関節(かたかんせつ)の可動範囲を維持します。
★ さらに、声を出すことで気持ちがスッキリします。

要介護シニアにも〝伝わる〟言い方のお手本

① さあ、「バンザイ」のマネをしましょう！
② はじめに、足を肩幅にひらきます。
③ 次に、両腕を体の横におきます。
④ この状態から、**両腕を上に持ち上げて**、バンザイします。
⑤ 「ばんざ～い！」と**口を大きくあけて**、声を出してみましょう。
⑥ 全部で4回します。

運動効果が〝アップ〟する魔法の言葉とその極意

④「両腕を上に持ち上げて」
と言いますと…、腕全体が動きます。
「手」ではなく「腕」と言うのが極意です。

⑤「口を大きくあけて」
と言いますと…、大きな声が出ます。
「元気に」ではなく「口を大きくあけて」と言うのが極意です。

Ⅰ きれいな姿勢

Ⅰ きれいな姿勢

2 ボートこぎ

腕を前に伸ばしたり，後ろに引いたりする体操です

魔法の言葉
「手を軽く握ります」
と言いますと…，腕の力が抜けてリラックスします。

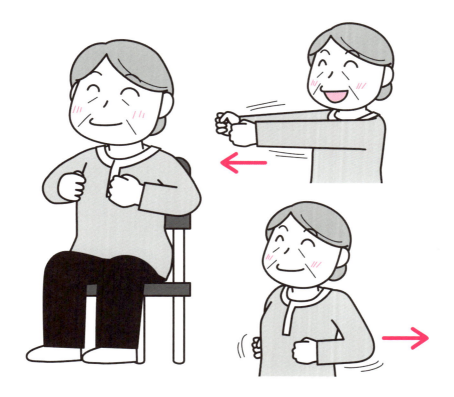

魔法の言葉
「肩をうしろに引く」
と言いますと…，
腕と背中が動くようになります。

うれしい効果

★ 肩, 背中の力を維持します。

要介護シニアにも〝伝わる〟言い方のお手本

① さあ,「ボートこぎ」のマネをしましょう。
② はじめに,足を肩幅にひらきます。
③ 次に両手を胸の前に置いて,**手を軽く握ります**。
④ この状態から,腕を前に伸ばします。
⑤ そこから,ボートをこぐようにして,ひじを後ろに引っ張ります。
⑥ このときに,ひじだけでなく,
　肩をうしろに引くようにするのがポイントです。
⑦ 全部で8回繰り返しましょう。

運動効果が〝アップ〟する魔法の言葉とその極意

④「手を軽く握ります」
と言いますと…,腕の力が抜けてリラックスします。「握ります」ではなく「軽く握ります」と言うのが極意です。

⑤「肩をうしろに引く」
と言いますと…,腕と背中が動くようになります。「腕を引く」ではなく「肩を引く」と言うのが極意です。

Ⅰ きれいな姿勢

3 弓道

弓を引いて矢を放つ動作をする体操です

魔法の言葉
「ひじを真後ろに引く」
と言いますと…,
動作の方向がより正確にイメージできます。

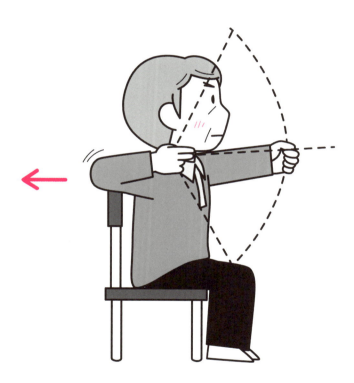

魔法の言葉
「8カウント」
声を出してかぞえますと…,
自然に呼吸ができます。

うれしい効果

★ 体側のストレッチになります。
★ さらに，体のやわらかさを維持します。

要介護シニアにも〝伝わる〟言い方のお手本

① さあ，「弓を引いて矢を放つ」マネをしましょう！
② はじめに，足を肩幅にひらきます。
③ 次に，左手を前に伸ばします。
④ 右手で，矢を引くように後ろに引きます。
⑤ このときに，**ひじを真後ろに引く**イメージを持ちましょう。
⑥ このままの状態で，声を出して**8カウント**します。
⑦ 反対（左手で弓を引く）もします。
⑧ 交互に2回ずつしましょう！

運動効果が〝アップ〟する魔法の言葉とその極意

⑤「ひじを真後ろに引く」
と言いますと…，
動作の方向がより正確にイメージできます。
「後ろ」ではなく「真後ろ」と言うのが極意です。

⑥「8カウント」
声を出してかぞえますと…，
自然に呼吸ができます。
声に出して言うのが極意です。

Ⅰ　きれいな姿勢

4　大玉送り

両腕を下から上に持ち上げる体操です

「背筋をピン！　と伸ばします」
と言いますと…，
姿勢がよくなります。

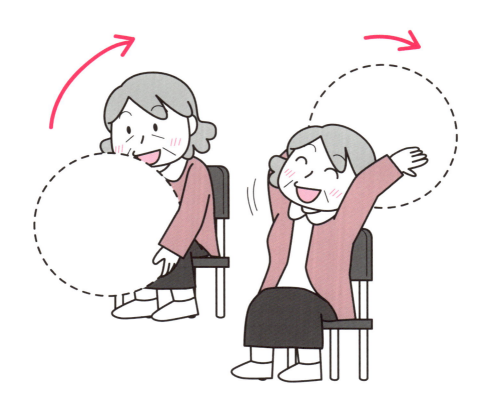

「両腕を頭の上に持ち上げます」
と言いますと…，
肩，背中がいっしょに動きます。

うれしい効果

★ 肩関節（かたかんせつ）の可動範囲を維持します。
★ さらに，声を出すことで気持ちがスッキリします。

要介護シニアにも〝伝わる〟言い方のお手本

① さあ，「大玉送り」のマネをしましょう。
② はじめに，足を肩幅にひらきます。
③ つぎに，**背筋をピン！ と伸ばします**。
④ この状態で，両腕を前に出して，手のひらを上にします。
⑤ そして，**両腕を頭の上に持ち上げます**。
⑥ このときに，大玉を前から後ろへ送るイメージを持ちましょう。
⑦ 無理をせずに，手が上がるところまででOKですよ。
⑧ 全部で4回，繰り返しましょう。

運動効果が〝アップ〟する魔法の言葉とその極意

③「背筋をピン！ と伸ばします」
と言いますと…，姿勢がよくなります。
「ピン！」と伸びるように言うのが極意です。

⑤「両腕を頭の上に持ち上げます」
と言いますと…，
肩，背中がいっしょに動きます。
「手」ではなく「腕」と言うのが極意です。

Ⅱ リラックス

5 うがい

両手を腰において「あ〜〜〜」とできるだけ長く声を出す体操です

「おへそを真正面に向けます」
と言いますと…，
下半身が安定します。

「あ〜〜〜」
と声を出しますと…，
リラックスします。

うれしい効果

★ 呼吸筋(こきゅうきん)を維持，強化します。
★ さらに，気持ちがスッキリします。

要介護シニアにも〝伝わる〟言い方のお手本

① さあ，「うがい」のマネをしましょう。
② はじめに，足を肩幅にひらきます。
③ 次に，**おへそを真正面に向けます**。
④ 両手を腰におきます。
⑤ 胸を前に突き出します。
⑥ あごを，すこ〜し持ち上げます。
⑦ **「あ〜〜〜」**と，できるだけ長く声を出します。
⑧ 全部で4回します。

Ⅱ リラックス

運動効果が〝アップ〟する魔法の言葉とその極意

③「おへそを真正面に向けます」
と言いますと…，下半身が安定します。
「正面」ではなく，「真正面」というのが極意です。

⑦「あ〜〜〜」
と声を出しますと…，
リラックスします。
声に出して言うのが極意です。

Ⅱ　リラックス

6　くちぶえ

「フ〜〜〜」と声を出しながら，息をはきだして，深呼吸をする体操です

魔法の言葉
「手のひらを上にします」
と，言いますと…，
腕の力が抜けて，リラックスします。

魔法の言葉
「フ〜〜〜」
と声に出して言いますと…，
しっかりと呼吸ができるようになります。

うれしい効果

★ 気持ちが落ち着いてリラックスします。

要介護シニアにも〝伝わる〟言い方のお手本

① さあ,「くちぶえ」のマネをしましょう。
② はじめに,足を肩幅にひらきます。
③ 次に,両手をひざの上において,**手のひらを上にします**。
④ そして,**「フ〜〜〜」**と声を出しながら息を長くはきます。
⑤ このときに,くちぶえをふくように,
　　くちびるをとがらせるのが大事なポイントです。
⑥ 口から(息を)はいたら,鼻から(息を)すいこみます。
⑦ 3分間繰り返してみましょう。

運動効果が〝アップ〟する魔法の言葉とその極意

③**「手のひらを上にします」**
と,言いますと…,腕の力が抜けて,リラックスします。「手をひざに置く」ではなく,「手のひらを上に」するのが極意です。

④**「フ〜〜〜」**
と声に出して言いますと…,
しっかりと呼吸ができるようになります。
声に出して言うのが極意です。

Ⅱ リラックス

7 パンチ

手を強く握りながら，前に突き出す体操です

魔法の言葉
「突き出します」
と言いますと…，腕や肩もいっしょに動きます。

魔法の言葉
「えいっ！」
と声に出しますと…，集中力が高まります。

うれしい効果

★ 腕全体の力を維持します。

要介護シニアにも〝伝わる〟言い方のお手本

① さあ，「パンチ」のマネをしましょう！
② はじめに，足を肩幅にひらきます。
③ 次に，両手を胸の前に出して，ひじを曲げて構えます。
④ 片手を強く握りながら前に**突き出します**。
⑤ 今度は，反対の手を強く握りながら突き出します。
⑥ このときに，はじめの手を元に戻します。
⑦ **「えいっ！」**と声に出しならがします。
⑧ 全部で5往復，繰り返しましょう！

運動効果が〝アップ〟する魔法の言葉とその極意

④**「突き出します」**
と言いますと…，腕や肩もいっしょに動きます。
「打つ」ではなく「突き出します」と言うのが極意です。

⑦**「えいっ！」**
と声に出しますと…，
集中力が高まります。
声を出してするのが極意です。

Ⅱ リラックス

Ⅱ リラックス

8 和太鼓（わだいこ）

片手を上に振り上げて振り下ろす体操です

魔法の言葉

「それっ！」
と声に出しますと…，
元気が出て，パワーアップします。

魔法の言葉

「太鼓を打ち抜く」
と言いますと…，
腕の動きがパワーアップします。

うれしい効果

★ 腕を伸ばす力を維持します。

要介護シニアにも〝伝わる〟言い方のお手本

① さあ，「和太鼓」を打つマネをしましょう。
② はじめに，足を肩幅にひらきます。
③ 次に，両手を前に出して，指を軽く曲げます。
④ 片手をゆっくりと振り上げて，上で一度静止します。
⑤ 「**それっ！**」と，声を出しながら，手を振り下ろします。
⑥ このときに，**太鼓を打ち抜く**ようなつもりでしましょう。
⑦ 今度は，反対の手でします。
⑧ 交互に4回ずつ繰り返しましょう！

運動効果が〝アップ〟する魔法の言葉とその極意

⑤「**それっ！**」
と声に出しますと…，
元気が出て，パワーアップします。
声を出してするのが極意です。

⑥「**太鼓を打ち抜く**」
と言いますと…，
腕の動きがパワーアップします。
「打つ」ではなく「打ち抜く」と言うのが極意です。

Ⅱ リラックス

9 メイソウ

しずか〜に目を閉じて，深呼吸する体操です

「手のひらを上にします」
と言いますと…，
腕の力が抜けてリラックスできます。

「しずか〜に」
と，言いますと…，
気持ちが落ち着きます。

うれしい効果

★ 気持ちがスッキリとして落ち着きます。

要介護シニアにも〝伝わる〟言い方のお手本

① さあ,「メイソウ」のマネをしましょう。
② はじめに,足を肩幅にひらきます。
③ 次に,両手をひざの上において,**手のひらを上にします**。
④ このときに,手を軽く握るのが大事なポイントです。
⑤ この状態で,**しずか〜に**目を閉じます。
⑥ ゆ〜っくりと深呼吸をします。
⑦ 目を閉じたままで,10回しましょう。

運動効果が〝アップ〟する魔法の言葉とその極意

③「手のひらを上にします」
と言いますと…,
腕の力が抜けてリラックスできます。
手のひらを「下」ではなく,「上」と言うのが極意です。

⑤「しずか〜に」
と,言いますと…,
気持ちが落ち着きます。
いかにも「しずかそうに」言うのが極意です。

この本の使い方②
「魔法の言葉」で運動効果アップ

「要介護シニアにも〝伝わる〟言い方のお手本」
この中に，超キーワードがあります。
それが，「運動効果が〝アップ〟する魔法の言葉とその極意」です。
この魔法の言葉には抜群の威力があります。

たとえば，
「手をあげてください」
そう言われたら，ふつうに手をあげますよね。

では，このように言い方を変えたらどうでしょうか？
「腕を上に持ち上げてください」
こう言うと，先ほどと比べて，手は高く上がります。
なぜなら，手ではなく，腕を持ち上げようと意識するからです。

「手」を「腕」と言い換えるだけです。
たったこれだけ。スゴいと思いませんか。

言葉には，体を動かす魔力があります。
まさに，魔法の言葉なのです。

この本の使い方③
「魔法の擬音」で心を動かす

　たった一言で，その運動効果が驚くほど変わってしまう魔法の言葉。実は，もうひとつあるんです。
　それは，魔法の言葉ならぬ，魔法の擬音です。

　次のふたつの言い方を比べてください。
　ひとつは，
　「腕を下げてください」
　もうひとつは，
　「腕をダラ～ンと下げてください」

　さて，より力が抜けるのは，どちらの言い方でしょうか？
　もう，おわかりですね。後者の言い方です。
　不思議なことに，「ダラ～ン」と耳で聞くと，カラダもそうなってしまうのです。

　人の心理は，声の響きや振動によって，大きく影響されると言います。このことを「オノマトペ効果」と言います。

　体操（支援）は，メンタルが9割です。
　そのメンタルに大きな影響を及ぼすのが，魔法の擬音なのです。

Ⅲ チカラを保つ

10 かけっこ

腕を前後に振りながら，かけっこの動作をする体操です

魔法の言葉
「手を軽く握って」
と言いますと…，
肩の力が抜けてリラックスします。

魔法の言葉
「腕を前後に振ってみましょう」
と言いますと…，
腕の動作がより正確になります。

うれしい効果

★ 足腰の力を維持します。

要介護シニアにも〝伝わる〟言い方のお手本

① さあ,「かけっこ」のマネをしましょう。
② はじめに,足を少しひらきます。
③ 次に,**手を軽く握って**,ひじを曲げます。
④ その状態で,**腕を前後に振ってみましょう。**
⑤ さらに,その場で走る動作をしてみましょう。
⑥ むずかしいときは,かかとを持ち上げるだけでもOKです。
⑦ 8カウント(数える間),その場でかけっこをしましょう！

運動効果が〝アップ〟する魔法の言葉とその極意

③「手を軽く握って」
と言いますと…,
肩の力が抜けてリラックスします。
「手を握って」ではなく,「軽く握って」と言うのが極意です。

④「腕を前後に振ってみましょう」
と言いますと…,
腕の動作がより正確になります。
「腕を振る」より「腕を前後に振る」と言うのが極意です。

Ⅲ チカラを保つ

11 ジャンプ

その場でジャンプの動作をする体操です

魔法の言葉
「体を小さくする」
と言いますと…,
ジャンプする力をためることができます。

魔法の言葉
「いち, にの, さ〜ん！」
と声を出しますと…,
元気が出て, パワーアップします。

うれしい効果

★ 足腰の力を維持します。

要介護シニアにも〝伝わる〟言い方のお手本

① さあ,「ジャンプ」のマネをしましょう！
② はじめに,足を少しひらきます。
③ 次に,両手でいすを押さえます。
④ この状態で,両足を上に持ち上げます。
⑤ むずかしいときは,かかとを上に持ちあげるだけでもOKです。
⑥ ジャンプする前に,一度,**体を小さくする**のが大事なポイントです。
⑦ **「いち,にの,さ～ん！」** と声に出して,ジャンプしてみましょう！
⑧ 全部で4回しましょう！

Ⅲ チカラを保つ

運動効果が〝アップ〟する魔法の言葉とその極意

⑥「体を小さくする」
と言いますと…,
ジャンプする力をためることができます。
「小さく」と言うのが極意です。

⑦「いち,にの,さ～ん！」
と声を出しますと…,
元気が出て,パワーアップします。
いっしょに声を出すのが極意です。

Ⅲ チカラを保つ

12　地引あみ

両手で地引あみを引きよせる動作をする体操です

魔法の言葉

「両足をしっかりと床につけて」
と言いますと…，
足腰にも力が入ります。

魔法の言葉

「よいしょ！」
と声に出しますと…，
より元気が出て，パワーアップします。

うれしい効果

★ 腕全体の力を維持します。
★ さらに，足腰を強化します。

要介護シニアにも〝伝わる〟言い方のお手本

① さあ，「地引あみ」を引きよせるマネをしましょう。
② はじめに，足を肩幅にひらきます。
③ 次に，片足を一歩前に出します。
④ この状態で，両手を前に出して，地引あみを引きよせる動作をします。
⑤ 手だけでなく，**両足をしっかりと床につけて**するのが大事なポイントです。
⑥ **「よいしょ！」** と，声に出しながら，手を動かしてみましょう。
⑦ 全部で8回繰り返しましょう。

運動効果が〝アップ〟する魔法の言葉とその極意

⑤**「両足をしっかりと床につけて」**
と言いますと…，足腰にも力が入ります。
「床につけて」と言うのが極意です。

⑥**「よいしょ！」**
と声に出しますと…，
より元気が出て，パワーアップします。
声に出してするのが極意です。

Ⅲ チカラを保つ

13　キック

片足を前に伸ばして，キックの動作をする体操です

「ボールをキックする」
と言いますと…，
動作のイメージが明確になります。

「ひざを伸ばす」
と言いますと…，
足腰の筋力アップになります。

うれしい効果

★ 足腰の筋力を維持します。
★ さらに、腹筋のトレーニングにもなります。

要介護シニアにも〝伝わる〟言い方のお手本

① さあ、「キック」のマネをしましょう。
② はじめに、足を少しひらきます。
③ 次に、両手でいすを軽く押さえます。
④ この状態から、片足を前に伸ばします。
⑤ つま先で、**ボールをキックする**イメージを持ちましょう。
⑥ **ひざを伸ばす**ように意識するのが大事なポイントです。
⑦ 反対の足もします。
⑧ 交互に4回ずつしましょう。

運動効果が〝アップ〟する魔法の言葉とその極意

⑤「ボールをキックする」
と言いますと…、
動作のイメージが明確になります。「ける」ではなく「キックする」と言うのが極意です。

⑥「ひざを伸ばす」
と言いますと…、足腰の筋力アップになります。「ける」ではなく「ひざを伸ばす」と言うのが極意です。

Ⅲ チカラを保つ

Ⅲ チカラを保つ

14　もちつき

両腕を上に持ち上げて，もちつきの動作をする体操です

魔法の言葉
「杵(きね)を落とす」
と言いますと…，
腕の力が抜けて，リラックスします。

よいしょー！

魔法の言葉
「よいしょー！」
と声を出しますと…，
元気が出て，パワーアップします。

うれしい効果

★ 肩関節(かたかんせつ)の可動範囲を維持します。
★ さらに，声を出すことでストレスを発散します。

要介護シニアにも〝伝わる〟言い方のお手本

① さあ，「もちつき」のマネをしましょう！
② はじめに，足を少しひらきます。
③ 次に，片足を一歩前にだします。
④ この状態で，もちつきのマネをします。
⑤ 力を入れずに，**杵(きね)を落とす**ようなイメージを持ちましょう。
⑥ 手だけでなく，両足をしっかり床につけるのが大事なポイントです。
⑦ **「よいしょー！」**と元気に声を出しながらします。
⑧ 全部で8回，繰り返しましょう。

運動効果が〝アップ〟する魔法の言葉とその極意

⑤「杵(きね)を落とす」
と言いますと…，
腕の力が抜けて，リラックスします。
「つく」ではなく「落とす」と言うのが極意です。

⑦「よいしょー！」
と声を出しますと…，
元気が出て，パワーアップします。
元気な声を出してするのが極意です。

Ⅳ やわらかさ

15 まどふき

手を左右に動かして，まどふきの動作をする体操です

「肩甲骨(けんこうこつ)から腕を動かす」
と言いますと…，
背中のストレッチになります。

「全部の指を」
と言いますと…，
動作をより正しくイメージできます。

うれしい効果

★ 肩関節（かたかんせつ）の可動範囲を維持します。

要介護シニアにも〝伝わる〟言い方のお手本

① さあ，「まどふき」のマネをしましょう。
② はじめに，足を肩幅にひらきます。
③ 次に，片手を前に出します。
④ その手を左右に動かして，まどふきのマネをします。
⑤ このときに，手だけでなく，**肩甲骨（けんこうこつ）から腕を動かす**のが大事なポイントです。
⑥ **全部の指を**いっぱいにひらくのがコツです。
⑦ ２往復したら，反対の手もします。
⑧ 交互に４回ずつしましょう！

運動効果が〝アップ〟する魔法の言葉とその極意

⑤「**肩甲骨（けんこうこつ）から腕を動かす**」
と言いますと…，背中のストレッチになります。
「手」ではなく「腕」と言うのが極意です。

⑥「**全部の指を**」
と言いますと…，
動作をより正しくイメージできます。
「指」ではなく「全部の指」と言うのが極意です。

Ⅳ　やわらかさ

Ⅳ やわらかさ

16　いなほ

片手を上にあげて上げた側の上体が，伸びるように真横に曲げる体操です

「真横に曲げます」
と言いますと…，
動作がより正しくイメージできます。

「フ～～～」
と声に出しますと…，
力が抜けてリラックスします。

うれしい効果

★ 肩関節（かたかんせつ）の可動範囲を維持します。

要介護シニアにも〝伝わる〟言い方のお手本

① さあ，「いなほ」のマネをしましょう。
② はじめに，足を肩幅にひらきます。
③ 次に，片手を上に持ち上げます。
④ このときに，上げた側の上体が伸びるように**真横に曲げます**。
⑤ **「フ～～～」**と声に出しながらやってみましょう。
⑥ ゆっくりと元に戻します。
⑦ 反対の手を持ち上げて，同じように真横に曲げましょう。
⑧ 交互に2回ずつ繰り返します。

運動効果が〝アップ〟する魔法の言葉とその極意

④「真横に曲げます」
と言いますと…，
動作がより正しくイメージできます。
「横」ではなく「真横」と言うのが極意です。

⑤「フ～～～」
と声に出しますと…，
力が抜けてリラックスします。
声に出して言うのが極意です。

Ⅳ やわらかさ

17　背泳ぎ

両腕を交互に後ろにまわす体操です

「手と腕をまわす」
と言いますと…，
肩と背中が連動します。

「肩甲骨（けんこうこつ）から腕を大きく動かす」
と言いますと…，
背中の筋力が高まります。

うれしい効果

★ 肩の可動範囲を維持します。
★ さらに，血行をよくし，コリをほぐします。

要介護シニアにも〝伝わる〟言い方のお手本

① さあ，「背泳ぎ」のマネをしましょう。
② はじめに，足を肩幅にひらきます。
③ 次に，両腕を体の横に置きます。
④ 片腕を前から後ろへまわします。
⑤ その腕を止めないで，反対の腕も後ろにまわしてみましょう。
⑥ このときに，**手と腕をまわす**のが大事なポイントです。
⑦ **肩甲骨(けんこうこつ)から腕を大きく動かす**のがコツです。
⑧ 全部で4回繰り返しましょう。

運動効果が〝アップ〟する魔法の言葉とその極意

⑥「手と腕をまわす」
と言いますと…，
肩と背中が連動します。
「手」ではなく「手と腕」と言うのが極意です。

⑦「肩甲骨(けんこうこつ)から腕を大きく動かす」
と言いますと…，背中の筋力が高まります。
「腕を動かす」ではなく「肩甲骨(けんこうこつ)から」と言うのが
極意です。

Ⅳ やわらかさ

18 バタフライ

両腕を後ろから前に,ゆっくりと大きくまわす体操です

魔法の言葉
「肩甲骨(けんこうこつ)から」
と言いますと…,
背中もいっしょに動くようになります。

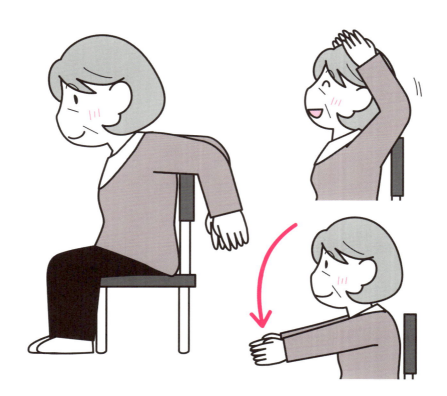

魔法の言葉
「ゆっくりと大きく」
と言いますと…,
動作がていねいになります。

うれしい効果

★ 肩関節（かたかんせつ）の可動範囲を維持します。

要介護シニアにも〝伝わる〟言い方のお手本

① さあ，「バタフライ」のマネをしましょう！
② はじめに，足を肩幅にひらきます。
③ 次に，背筋をピン！ と伸ばします。
④ この状態から，両腕を後ろから前にまわします。
⑤ このときに，**肩甲骨（けんこうこつ）から**腕をまわすのが大事なポイントです。
⑥ **ゆっくりと大きく**まわすのがコツです。
⑦ 全部で4回します。

運動効果が〝アップ〟する魔法の言葉とその極意

⑤「**肩甲骨（けんこうこつ）から**」
と言いますと…，
背中もいっしょに動くようになります。
「腕をまわす」ではなく「肩甲骨（けんこうこつ）から腕をまわす」
と言うのが極意です。

⑥「**ゆっくりと大きく**」
と言いますと…，動作がていねいになります。
「ていねいに」ではなく「ゆっくり大きく」と言う
のが極意です。

Ⅳ やわらかさ

19 ボール投げ

ボールを上から投げる動作をする体操です

魔法の言葉
「肩甲骨(けんこうこつ)から腕を動かす」
と言いますと…,
腕の動きがより大きくなります。

魔法の言葉
「ひじを先に動かす」
と言いますと…,
腕の動きがしなやかになります。

うれしい効果

★ 肩関節(かたかんせつ)の可動範囲を維持します。

要介護シニアにも〝伝わる〟言い方のお手本

① さあ,「ボール投げ」のマネをしましょう！
② はじめに,左足を一歩前に出します。
③ 次に,右手で,上からボールを投げるマネをします。
④ このときに,**肩甲骨(けんこうこつ)から腕を動かす**のが大事なポイントです。
⑤ 手よりも,**ひじを先に動かす**のがコツです。
⑥ 左手でもやってみましょう。
⑦ 交互に,4回ずつ繰り返しましょう！

運動効果が〝アップ〟する魔法の言葉とその極意

④「**肩甲骨(けんこうこつ)から腕を動かす**」
と言いますと…,
腕の動きがより大きくなります。
「肩甲骨(けんこうこつ)から」と言うのが極意です。

⑤「**ひじを先に動かす**」
と言いますと…,腕の動きがしなやかになります。
「ひじを先に」と言うのが極意です。

この本の使い方④
耳の不自由な人への伝え方

「体操をするときに，参加者の中に耳が不自由な人がいる場合には，どうしたらいいでしょうか？」

そんなときに，一番おススメなのは，「大げさすぎるゼスチャー」です。
しゃべるのは一切NG，身振り手振りのみで答えを導く，あのゼスチャーゲームのゼスチャーです。

たとえば，もちつきのものまねエア体操だったら，もちつきの身振り手振りをします。
そのときに大事なポイントになるのが，**大げさすぎるぐらいにする**ことです。

そうしたら，**それを見た相手は，思わず同じようにマネしたくなります**から。
マネる＝体を動かす。なのです！

もう一度言います。
「ふつうのゼスチャーは×」
「大げさなゼスチャーは〇」
「大げさすぎるゼスチャーは◎」です。

この本の使い方⑤
目の不自由な人への伝え方

　体操の支援のしかた。耳の不自由な人の場合には,「大げさすぎるゼスチャー」でした。では,目の不自由な人の場合には,どうしたらいいでしょうか？

　こういう場合に,一番おススメなのは,**はじめに,どんな動作をするのかを伝えておく**ことです。

　ものまねエア体操の「言い方のお手本」は,すべて
「さあ,〇〇のマネをしましょう」
という言い方で,はじまります。

「さあ,ジャンプのマネをしましょう」
「さあ,ボートこぎのマネをしましょう」などなど。

　はじめにそれを聞けば,「あ～〇〇ね」と,ある程度動作のイメージができます。

　誰もが知っているような動作を,
誰もが知っているような言い方で,
まず,はじめに伝えるようにしましょう。

Ⅴ 器用さ

20 みじん切り

「トン，トン，トン，トン」と，手でみじん切りの動作をする体操です

魔法の言葉
「手首を小刻みに動かす」
と言いますと…，
手首の動きが柔らかくなります。

魔法の言葉
「トン，トン，トン，トン」
と声に出しますと…，
動作がリズミカルになります。

うれしい効果

★ 手首の関節のやわらかさを保ちます。

要介護シニアにも〝伝わる〟言い方のお手本

① さあ,「みじん切り」のマネをしましょう！
② はじめに,足を肩幅にひらきます。
③ 次に,背筋をピン！と伸ばします。
④ 両手を前に出します。
⑤ 片手で,みじん切りをするマネをします。
⑥ 腕の力を抜いて,**手首を小刻みに動かす**のがポイントです。
⑦ **「トン,トン,トン,トン」**と,声に出してみましょう。
⑧ 今度は,反対の手もします。
⑨ 交互に4回ずつ,繰り返しましょう。

運動効果が〝アップ〟する魔法の言葉とその極意

⑥「手首を小刻みに動かす」
と言いますと…,
手首の動きがやわらかくなります。
「手首を小刻みに」と言うのが極意です。

⑦「トン,トン,トン,トン」
と声に出しますと…,
動作がリズミカルになります。
声に出してするのが極意です。

Ⅴ 器用さ

21 指揮者

指揮者の動作をおおげさにする体操です

「腕を大きく動かす」
と言いますと…，
肩，背中が連動します。

「いち〜・にい〜・さ〜ん」
と声に出しますと…，
動作がリズミカルになります。

うれしい効果

★ 腕の器用さをつけます。

要介護シニアにも〝伝わる〟言い方のお手本

① さあ，「指揮者」のマネをしましょう。
② はじめに，足を肩幅にひらきます。
③ 次に，背筋をピン！と伸ばします。
④ 片手で，大きな三角形をかきます。
⑤ 手だけでなく，**腕を大きく動かす**のが大事なポイントです。
⑥ **「いち〜・にい〜・さ〜ん」**と声に出しながらします。
⑦ 手を元に戻します。
⑧ 反対の手もします。
⑨ 交互に４回ずつ，繰り返しましょう！

運動効果が〝アップ〟する魔法の言葉とその極意

⑤「腕を大きく動かす」
と言いますと…，
肩，背中が連動します。
「手」ではなく「腕」と言うのが極意です。

⑥「いち〜・にい〜・さ〜ん」
と声に出しますと…，
動作がリズミカルになります。
声に出してするのが極意です。

Ⅴ 器用さ

22 まりつき

腕全体でやわらか〜く，まりつきの動作をする体操です

「腕全体」
と言いますと…，
指先から肩までを意識します。

「やわらか〜く」
と言いますと…，
力が抜けてリラックスします。

うれしい効果

★ 指，手の器用さを維持します。

要介護シニアにも〝伝わる〟言い方のお手本

① さあ，「まりつき」のマネをしましょう。
② はじめに，足を肩幅にひらきます。
③ 次に，片手を前に出して，手のひらを下にします。
④ そして，まりつきをするように，手先を上下に動かします。
⑤ このときに，手先だけでなく，**腕全体**でするのが大事なポイントです。
⑥ 腕全体を**やわらか〜く**するのがコツです。
⑦ 全部で10回します。
⑧ 反対の手でやってみましょう。

運動効果が〝アップ〟する魔法の言葉とその極意

⑤「腕全体」
と言いますと…，指先から肩までを意識します。
「腕」ではなく「腕全体」と言うのが極意です。

⑥「やわらか〜く」
と言いますと…，
力が抜けてリラックスします。
いかにも，やわらかそうに言うのが極意です。

Ⅴ 器用さ

V 器用さ

23 指ずもう

親指だけを立てて，横にしたり立てたりする体操です

魔法の言葉
「ほかの指は軽くにぎります」
と言いますと…，
余計な力が抜けてリラックスします。

魔法の言葉
「親指のつけ根から動かす」
と言いますと…，
親指の動きが活性化します。

うれしい効果

★ 親指の動きを活性化させます。

要介護シニアにも〝伝わる〟言い方のお手本

① さあ,「ゆびずもう」のマネをしましょう。
② はじめに,片手を前に出します。
③ 次に,親指だけを立てて,**ほかの指は軽くにぎります**。
④ この状態から,親指を前に倒したり,立てたりします。
⑤ このときに,**親指のつけ根から動かす**のが大事なポイントです。
⑥ 全部で4回します。
⑦ 反対の手もしましょう。

運動効果が〝アップ〟する魔法の言葉とその極意

③「ほかの指は軽くにぎります」
と言いますと…,
余計な力が抜けてリラックスします。
「にぎる」ではなく,「軽くにぎる」と言うのが極意です。

⑤「親指のつけ根から動かす」
と言いますと…,親指の動きが活性化します。
「親指」ではなく,「親指のつけ根」と言うのが極意です。

Ⅴ 器用さ

24 スキップ

「タンタ・タンタ」と声に出しながら，スキップの動作をする体操です

魔法の言葉
「タンタ・タンタ」
と言いますと…，
動作がリズミカルになります。

魔法の言葉
「腕を前後に振ってみましょう」
と言いますと…，
動作をより正しくイメージできます。

うれしい効果

★ 足の動きに器用さをつけます。

要介護シニアにも〝伝わる〟言い方のお手本

① さあ,「スキップ」のマネをしましょう。
② はじめに,足を少しひらきます。
③ 次に,片足で2歩だけ足ぶみをします。
④ そして,反対の足で2歩だけ足ぶみします。
⑤ この動作を繰り返します。
⑥ **「タンタ・タンタ」** と声に出してやってみましょう。
⑦ 慣れてきたら,**腕を前後に振ってみましょう。**
⑧ 全部で4回(タンタで1回),スキップしましょう。

運動効果が〝アップ〟する魔法の言葉とその極意

⑥「**タンタ・タンタ**」
と言いますと…,
動作がリズミカルになります。
声に出して言うのが極意です。

⑦「**腕を前後に振ってみましょう**」
と言いますと…,
動作をより正しくイメージできます。
「腕を振る」より「腕を前後に振る」と言うのが極意です。

Ⅴ 器用さ

25 つなわたり

足を閉じてそお〜っと足ぶみする，つなわたりをするような体操です

魔法の言葉　「手のひらで床を押さえる」
と言いますと…，
バランス感覚がアップします。

みぎ…　　みぎ…
ひだり…　ひだり…

魔法の言葉　「そお〜っと足ぶみをします」
と言いますと…，
集中力が高まります。

うれしい効果

★ 足の動きに器用さをつけます。
★ さらに，歩く力を維持します。

要介護シニアにも〝伝わる〟言い方のお手本

① さあ，「つなわたり」のマネをしましょう！
② はじめに，足とひざを閉じます。
③ 次に，両手を横にひらいて，手のひらを下にします。
④ このときに，**手のひらで床を押さえる**ようなイメージを持ちましょう。
⑤ この状態で，**そお～っと足ぶみをします。**
⑥ ゆっくりと，一歩ずつ，ていねいにするのが大事なポイントです。
⑦ 「みぎ・ひだり，みぎ・ひだり…」と，声を出してみましょう。
⑧ 1分間，やってみましょう！

運動効果が〝アップ〟する魔法の言葉とその極意

④「手のひらで床を押さえる」
と言いますと…，バランス感覚がアップします。
「床を押さえる」と言うのが極意です。

⑤「そお～っと足ぶみをします」
と言いますと…，集中力が高まります。
いかにも「そお～っと」するように言うのが極意です。

おわりに
健康に大事なのは？

ぼくの仕事は，体操講師です。

「健康づくり」のために，「体を動かす」ことを支援しています。

ですが，ただ体を動かせばそれで健康なのか？　と言うと，ちょっと違います。
あともうひとつ，とっても大事なことがあります。

健康に大事なのは，「からだを動かすこと」
それと，あともうひとつ。

それは，「**明るい気持ち**」です。

ある医者は，「痛みのスイッチは心にある」と言います。
たとえば，腰痛は，体だけの不調では，痛みを感じない。
　そこに，**憂鬱や不安など，心の不調が重なったときに，はじめて，痛みとして感じる**のです。

よく考えてみてください。

ということは…，

そうなんです！

おわりに

　いくら**体のほうに不調があったとしても，心の状態が良好であれば，痛みは防げる**んです！

　また，別のある医者はこう言います。

　「数多くの患者を診てきて，素直に感謝できない人，なんでも人の責任にする人，自分勝手で他人のことを全く考えない人，こういう人は重い病気にかかったり，病気が早く進行する傾向がある」

　まさに「病は気から」。

　最後に，もう一度言います。

　健康に大事なのは，「からだを動かすこと」です。
　それと，あともうひとつ。
　「明るい気持ち」です。

　「ものまねエア体操」も，楽しんですれば，その効き目はぐ～んとアップしますよ。

　最後まで読んでくださって，ありがとうございました！

　みなさまとみなさまのそばにいる方が，いつまでもご健康でありますように！

著者紹介

●斎藤道雄

体操講師，ムーブメントクリエイター。
クオリティ・オブ・ライフ・ラボラトリー主宰。
自立から要介護シニアまでを対象とした体操支援のプロ・インストラクター。
体力，気力が低下しがちな要介護シニアにこそ，集団運動のプロ・インストラクターが必要と考え，運動の専門家を，数多くの施設へ派遣。
「お年寄りのふだん見られない笑顔が見られて感動した」など，シニアご本人だけでなく，現場スタッフからも高い評価を得る。

[お請けしている仕事]
○ 体操教師派遣（介護施設，幼稚園ほか）　　○ 講演
○ 研修会　　　　　　　　　　　　　　　　　○ 人材育成
○ 執筆

[体操支援，おもな依頼先]
○ 養護老人ホーム長安寮
○ 有料老人ホーム敬老園（八千代台，東船橋，浜野）
○ 淑徳共生苑（特別養護老人ホーム，デイサービス）ほか

[講演，人材育成，おもな依頼先]
○ 世田谷区社会福祉事業団
○ セントケア・ホールディングス（株）
○ （株）オンアンドオン（リハビリ・デイたんぽぽ）ほか

[おもな著書]
○ 『車椅子の人も片麻痺の人もいっしょにできる新しいレクリエーション』
○ 『椅子に腰掛けたままでできるシニアのための脳トレ体操＆ストレッチ体操』
○ 『超シンプルライフで健康生活』
○ 『目の不自由な人も耳の不自由な人もいっしょに楽しめるかんたん体操25』（以上，黎明書房）

[お問い合わせ]
○ ホームページ：http://www.michio-saitoh.com/
○ メ　ー　ル：info@michio-saitoh.com
○ ファックス：03-3302-7955

＊イラスト・さややん。

要介護シニアにも超かんたん！　ものまねエア体操で健康づくり

2016年11月10日　初版発行	著　者	斎藤　道雄
	発行者	武馬　久仁裕
	印　刷	藤原印刷株式会社
	製　本	協栄製本工業株式会社

発　行　所　　　　株式会社　黎明書房
〒460-0002　名古屋市中区丸の内3-6-27　EBSビル
　　☎ 052-962-3045　FAX 052-951-9065　振替・00880-1-59001
〒101-0047　東京連絡所・千代田区内神田1-4-9　松苗ビル4階
　　　　　　　　　　　　　　　　　　　　　　☎ 03-3268-3470

落丁本・乱丁本はお取替えします。　　　　　　　ISBN978-4-654-07648-2
© M. Saito 2016, Printed in Japan